Género Narrativ

Pregunta esencial

¿Cómo puede ayudarte la ciencia a entender cómo funcionan las cosas?

LA NORIA GIGANTE DE GEORGE

Raymond Huber

Capítulo 1

UNA IDEA GIGANTE

En 1891, se estaba planeando una feria mundial en Chicago. La feria sería una ocasión para mostrar al mundo ciencia y tecnología nuevas. La feria se llamaba Exposición Universal de Chicago.

En ella se podrían ver inventos nuevos como las luces eléctricas. También habría juegos y atracciones mecánicas. Los organizadores de la feria también querían algo especial. Querían algo único que sorprendiera a todo el mundo.

OPENING OF THE WORLD'S FAIR!

Los organizadores de la feria querían que millones de personas la visitaran.

Dos años antes, en 1889, hubo una feria mundial en Francia. La Torre Eiffel se había construido para esta feria. Era una estructura alta, hecha de hierro y acero.

Los organizadores de la feria de Chicago querían algo aún mejor que la Torre Eiffel. Pidieron a la gente que diera ideas. Estas debían ser originales y únicas.

Un **ingeniero** llamado George Ferris tuvo una idea. Quería construir una gran rueda en la que pudieran subir las personas.

Su invento se conoció como noria o rueda de Chicago. La construcción de la noria fue un gigantesco logro.

La Torre Eiffel fue la entrada a la feria mundial en París.

Ferris quería hacer una noria que midiera más de 260 pies de alto. ¡Tendría capacidad para más de 2,000 personas a la vez!

George Ferris fue un ingeniero que construía puentes de acero.

La idea que Ferris tenía para la noria era el **diseño** de una rueda de bicicleta. Se haría de metal. Giraría alrededor de un **eje**. Tendría **rayos** metálicos que irían desde el eje hasta los dos **aros** de acero. Los rayos sostendrían los aros. Así los aros serían más resistentes.

La gente montaría en cabinas que colgarían entre los aros. A medida que la noria girara, las cabinas irían hacia arriba y, luego, de nuevo hacia abajo. ¡Desde arriba, la vista de la feria sería fantástica!

Los pasajeros que montaban en la noria tenían una vista fantástica de la feria.

Al principio la gente pensó que la idea de Ferris era descabellada. Creían <u>que la noria sería demasiado pesada</u>. Incluso, que podría caerse. Otros pensaban que las cabinas de pasajeros podrían desprenderse y salir volando. Las personas que organizaban la feria rechazaron la idea de Ferris.

Detective del lenguaje	¿Cómo sabes que la oración subrayada en esta página es una oración subordinada?

George Ferris tenía muchas capacidades. Había construido puentes y túneles para el ferrocarril. Sabía que su idea funcionaría.

Ferris pasó meses trabajando en su idea. Tuvo la ventaja de que otros ingenieros también afirmaron que la noria funcionaría y sería segura. A finales de 1892, Ferris obtuvo permiso de los organizadores para construir su noria.

Construcción de la feria

La construcción de la feria comenzó antes de que a Ferris le dieran permiso para construir la noria. En la feria se construyeron doscientos edificios nuevos. También se construyeron canales y fuentes.

AHORA COMPRUEBA

¿Por qué algunas personas pensaban que la idea de George Ferris no funcionaría?

7

Capítulo 2

COMIENZA EL TRABAJO

Los trabajadores comenzaron a construir la noria de Ferris en enero de 1893. No disponían de mucho tiempo. La feria se inauguraría en mayo.

La enorme noria de Ferris pesaría mucho, así que los trabajadores construyeron cimientos muy profundos. Construyeron dos torres sobre los cimientos. Después, se colgó un eje grande de acero entre las dos torres.

En esa época, el eje de la noria de Ferris era la pieza de acero más grande fabricada en Estados Unidos.

Image courtesy Paul V. Galvin Library, Illinois Institute of Technology

A continuación, los trabajadores sujetaron los aros de la noria al eje con largos rayos de acero. También añadieron piezas de metal para hacer la noria más fuerte. Luego, sujetaron las cabinas de pasajeros a los aros de la noria.

Partes de la noria

rayo

aro

eje

torre de apoyo

cabina de pasajeros

Para mover cualquier objeto es necesaria una **fuerza**. Se construyeron dos potentes motores a vapor para mover la noria. Los motores producían la fuerza que hacía girar la noria. Cuando se prendían los motores, la noria aceleraba lentamente.

La noria también necesitaba de otra fuerza para dejar de moverse. Ferris usó un freno especial, y la **adherencia** o fricción de ese freno detenía la noria.

AHORA COMPRUEBA

¿Qué hacía girar la noria?

Por el aire

Algunas personas pensaban que las cabinas de la noria saldrían volando. La fuerza centrípeta evita que esto ocurra.

Cuando un objeto hace un movimiento circular, la fuerza centrípeta jala el objeto hacia el centro del círculo. Es como hacer girar una pelota amarrada a una cuerda. La cuerda actúa como la fuerza centrípeta. Los rayos de la noria de Ferris actuaban como fuerza centrípeta; y hacían que las cabinas se movieran en un círculo.

Las leyes del movimiento de Newton nos dicen que un objeto se desplazará en línea recta a menos que una fuerza actúe sobre él.

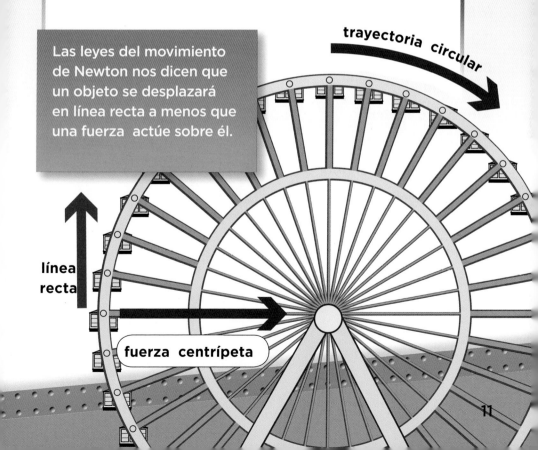

trayectoria circular

línea recta

fuerza centrípeta

Capítulo 3

¡QUÉ EMOCIONANTE!

La noria de Ferris se terminó en junio de 1893 y, el 21 de junio, la gente se reunió para verla funcionar. Ferris dio un discurso y, luego, hizo sonar un silbato. Sonó música de una banda y la noria empezó a girar con lentitud.

Cada cabina de pasajeros podía llevar 60 personas.

Medidas de la noria de Ferris

Cimientos: 35 pies de profundidad

Altura: 264 pies

Circunferencia: 825 pies

Altura de la torre: 140 pies

Peso del eje: 46 toneladas

Cabinas de pasajeros: 36

Capacidad: 2,160 personas

Peso total: 2,200 toneladas

La noria fue un gran éxito en la feria. Muchas personas querían subir en ella. <u>El precio de un boleto era 50 centavos y una vuelta duraba, aproximadamente, 20 minutos.</u> Las personas disfrutaban de una vista asombrosa de Chicago y de la feria. Más de un millón y medio de personas subieron a esta emocionante atracción.

| Detective del lenguaje | El texto subrayado es una oración compuesta. ¿Cuál es el significado las comas (,)? |

La Exposición Universal de Chicago estuvo abierta durante seis meses. Más de 27 millones de personas visitaron la feria.

George Ferris tuvo una gran idea. Aprovechó lo que sabía sobre ingeniería y ciencias para llevar a cabo su idea.

George Ferris murió en 1896. Más adelante, su creación se usó en muchos parques de diversiones. En inglés, la noria se conoce con el nombre de *Ferris wheel* o rueda de Ferris.

AHORA COMPRUEBA

¿Cómo sabes que la noria de Ferris fue un éxito?

En la actualidad, la *Singapore Flyer* es la noria más alta del mundo.

Respuesta a la lectura

Resumir

Usa detalles importantes de *La noria gigante de George* para resumir la selección. Usa el organizador gráfico como ayuda.

Causa → Efecto
→
→
→
→

Evidencia en el texto

1. ¿Cómo sabes que *La noria gigante de George* es un texto narrativo de no ficción? GÉNERO

2. En el capítulo 1, ¿por qué se le ocurrió a George Ferris su idea? CAUSA Y EFECTO

3. ¿Qué significa la palabra *único* en la página 2? Usa claves de contexto como ayuda para comprender el significado. CLAVES DE CONTEXTO

4. Vuelve a leer el capítulo 3. Escribe sobre cómo reaccionó la gente cuando la noria estuvo terminada. ESCRIBIR SOBRE LA LECTURA

Compara los textos

Lee acerca de cómo su conocimiento de la ciencia ayuda a un niño a ver una estación espacial de una manera nueva.

3001: Un misterio espacial

Dentro de una estación espacial, un niño buscaba a su madre. Había estado mirando por la ventana hacia la Tierra, pero cuando se giró de nuevo, vio que su madre ya no estaba. El niño corrió a buscarla y al girar una esquina se encontró con un hombre que se identificó a sí mismo como el capitán Sánchez.

—¿Estás perdido? —le preguntó el capitán Sánchez.

—No encuentro a mi mamá —dijo el niño.

El capitán habló por su radio.

—Aquí el capitán Sánchez. Encontré a un niño que ha perdido a su madre. No sé su identidad.

—Vayamos hacia el centro de comando —le dijo luego el capitán Sánchez al niño.

Algunos minutos después, estaban en un transbordador a gravedad cero. El niño podía ver toda la estación espacial. El centro de comando estaba en el medio. Rayos largos conectaban el centro de comando a la rueda exterior, y esta giraba lentamente.

—Es un buen diseño —dijo el capitán Sánchez—. Una fuerza actúa en los rayos y evita que las partes externas de la estación salgan volando hacia el espacio.

—¡La fuerza centrípeta! —dijo el niño—. Igual que en una noria.

—Sí —dijo el capitán Sánchez—. ¿Por qué sabes tanto de ciencia?

—Recibí mi nombre en honor al famoso científico Sir Isaac Newton, me llamo Newt Isaacs.

La radio del capitán sonó y una voz dijo:

—Tenemos respuesta a su averiguación. Una madre está buscando a su hijo, cuyo nombre es Newt Isaacs.

—Dígale que lo hemos encontrado —dijo el capitán Sánchez.

 Haz conexiones

¿Qué descubrió Newt acerca de la estación espacial? PREGUNTA ESENCIAL

¿Cómo ayudó la ciencia a George Ferris y a Newt Isaacs a entender las ruedas? EL TEXTO Y OTROS TEXTOS

Glosario

adherencia acción en la que dos cosas se rozan una contra la otra *(página 10)*

aro borde de una rueda *(página 4)*

diseño plan que muestra cómo se verá algo cuando esté hecho *(página 4)*

eje varilla que está en el centro de una rueda *(página 4)*

fuerza empujón o jalón *(página 10)*

ingeniero persona que diseña y construye cosas *(página 3)*

rayo barra que conecta el centro de una rueda con su borde exterior *(página 4)*

Índice

Enfoque:
Ciencias

Propósito Mostrar cómo funciona la fuerza centrípeta

Procedimiento

Paso 1 ▶ Amarra un trozo de cuerda a un borrador pequeño.

Paso 2 ▶ Sal a un espacio abierto.

Paso 3 ▶ Haz girar el borrador en círculos por encima de tu cabeza.

Paso 4 ▶ Observa lo que ocurre cuando sueltas la cuerda.

Conclusión ¿Qué aprendiste acerca de las fuerzas? La fuerza centrípeta hace que el borrador se mueva en un círculo cuando haces girar la cuerda. La próxima vez, haz girar la cuerda más rápido. ¿Qué ocurre cuando sueltas la cuerda? Escribe sobre lo que aprendiste de este experimento.